souvenirs

Revisiter nos traditions

Du même auteur

Simple et Chic, photos de Christian Tremblay,
propos de Robert Beauchemin
Prix Gourmand World Cookbook / français, Canada ;
Meilleur livre de recettes relié à une émission de télévision

Sexy – *Cuisiner pour deux*, photos de Christian Tremblay
Collection Simple et Chic

Sauvage – *Savourer la nature*, photos de Christian Tremblay
Collection Simple et Chic

Photos
Photographe :
Christian Tremblay assisté de Pascal Witdouck

Styliste culinaire :
Marie-Ève Charron assistée d'Yves Germain, Mike Diamond,
Erin Creed et Charles-Emmanuel Pariseau

Accessoires : Valérie Gilbert et Jean François Clément
3 Femmes et 1 coussin
Les fruits et légumes Hector Larivée
et Dubé & Loiselle

Design graphique
Paul Toupin Design

Propos de Vanessa Quintal (pages 10, 42, 72, 92)

ISBN 978-2-89077-396-7
Dépôt légal BAnQ : 4e trimestre 2010

Cet ouvrage a été imprimé par l'imprimerie
Friesens au Manitoba, Canada.

www.flammarion.qc.ca
www.louisfrancois.ca

Catalogage avant publication de Bibliothèque
et Archives nationales du Québec et Bibliothèque
et Archives Canada

Marcotte, Louis-François
Souvenirs : revisiter nos traditions
(Collection Simple et chic)
Comprend un index.
ISBN 978-2-89077-396-7
1. Cuisine québécoise. I. Titre. II. Collection : Marcotte, Louis-François.
Collection Simple et chic.

TX715.6.M37 2010   641.59714   C2010-941804-2

Souvenirs
Revisiter nos traditions

LOUIS-FRANÇOIS MARCOTTE

PHOTOS DE CHRISTIAN TREMBLAY

Flammarion
Québec

TABLE

INTRODUCTION DE
LOUIS-FRANÇOIS MARCOTTE

Quand j'étais enfant, la tradition voulait que mes grands-parents reçoivent toute la famille chaque dimanche soir. C'est ainsi que nous nous retrouvions une bonne vingtaine de convives autour de la grande table sur laquelle mon grand-père ne manquait jamais de s'endormir à la fin du repas. Je me souviens que, par-dessus les fumets que dégageaient le rôti de porc, le bouilli de bœuf ou encore le ragoût de boulettes, j'observais ces grandes personnes (il n'était pas question pour moi de m'asseoir à la table des enfants) qui se réjouissaient de goûter ensemble les plaisirs de la table, et j'espérais leur ressembler un jour. Depuis, j'ai développé une passion qui me lie à ma famille : l'amour inconditionnel de la bonne chère.

La culture culinaire est un cadeau précieux qui se transmet de génération en génération. Je dois d'ailleurs remercier ma mère, qui a toujours pris le temps de nous préparer des repas sains et goûteux. Même si mon frère et moi rechignions parfois sur les légumes, nous avons été marqués par sa cuisine. Cigares au chou, chop suey, lait de céleri, pouding chômeur, voilà des plats que ma mère tenait elle-même de sa mère et qui font maintenant partie de mes habitudes alimentaires.

Je suis convaincu que plusieurs générations vont se retrouver dans ce livre, et j'espère que ces traditions culinaires se perpétueront. Certaines recettes sont tout à fait authentiques, comme la tourtière de la Beauce ou la magnifique mousse au saumon de ma tante Céline. J'ai aussi revisité d'autres classiques afin de leur insuffler une twist d'originalité et de fraîcheur.

J'ai hâte de voir mon petit bonhomme taper sur les casseroles à même le plancher de la cuisine. Et les jours plus difficiles, je serai toujours là… pour lui préparer un macaroni au fromage extra-gratin !

« HOME SWEET HOME »

« HOME SWEET HOME »

Qu'il est bon de pousser la porte de la maison et de constater que, depuis notre départ, le temps semble s'y être arrêté. Tout est resté en place : le chapeau accroché au mur, les livres empilés sur la table à café, jusqu'au chien toujours allongé au pied du fauteuil, léché par les derniers rayons de la journée. Une odeur envoûtante plane dans l'air et ravive de merveilleux souvenirs d'enfance. Qu'est-ce donc ? Une onctueuse crème de tomate, cette fameuse tourtière craquante ou encore de savoureux cigares au chou ?

« HOME SWEET HOME »

Il suffit de fermer les yeux pour imaginer notre mère nous lancer : « Va te laver les mains, je t'ai préparé ton plat préféré ! » Puis, pendant qu'on nettoie son assiette à l'aide d'un bout de pain frais, la croustade aux pommes dore tranquillement au four…

Les bonnes choses de la table ont ce pouvoir infini que Louis-François connaît bien, celui de prolonger des moments magiques que l'on croyait révolus, une époque douillette, sans responsabilités, pleine d'une tendresse qui emplit la maisonnée.

VOILÀ CE QUI SE RAPPROCHE LE PLUS
DE LA SOUPE AUX TOMATES CAMPBELL'S DE
MON ENFANCE, EN BIEN MEILLEUR !

Crème de tomate et croûtons gratinés — 8 personnes —

**30 tomates italiennes
ou 2 boîtes de 796 ml (28 oz)
de tomates
(de préférence San Marzano)**

2 c. à soupe de beurre

2 c. à soupe d'huile d'olive

**3-4 oignons espagnols
(ou 6-8 oignons) grossièrement
hachés**

8 gousses d'ail écrasées

125 ml (½ tasse) de miel

3 branches de thym

**500 ml (2 tasses) de crème
champêtre 15 %**

Sel et poivre du moulin

Accompagnement
**Croûtons gratinés à la bière
(ci-dessous)**

Les tomates

Pratiquez une petite incision en forme de croix à l'opposé du pédoncule. ☙ Plongez-les 20 secondes dans une eau bouillante et retirez-les à l'aide d'une écumoire. La peau s'enlèvera très facilement. ☙ Coupez les tomates en 2 et pressez-les pour en retirer le maximum de pépins.

La crème de tomate

Dans une grande casserole, chauffez le beurre et l'huile à feu doux. Lorsque le beurre mousse, ajoutez les oignons et l'ail et faites-les suer sans coloration. ☙ Lorsqu'ils deviennent translucides, ajoutez les tomates, le miel et le thym. Laissez mijoter au moins 20 minutes. ☙ Retirez le thym et broyez à l'aide d'un mélangeur à main. Remettez sur le feu 10 minutes avec la crème. Rectifiez l'assaisonnement. ☙ Au moment de servir, déposez un croûton gratiné sur la crème chaude.

N. B. Essayez la tomate San Marzano d'Italie, une variété tout en chair qui rejette moins d'eau. La marque Pastene contient moins de sel.

Croûtons gratinés à la bière

**180 ml (¾ tasse)
d'emmenthal râpé**

1 jaune d'œuf

2 c. à thé de moutarde de Dijon

2 c. à soupe de bière brune

**8 tranches de pain
de campagne grillées**

Sel et poivre du moulin

Allumez le gril du four. ☙ Dans un bol, combinez le fromage, le jaune d'œuf et la moutarde. Salez légèrement et poivrez. Ajoutez la bière et mélangez jusqu'à ce que le liquide soit absorbé. ☙ Tartinez généreusement le pain grillé et faites gratiner 2-3 minutes sous le gril.

QUEL ENFANT N'A PAS ESPÉRÉ TROUVER LE SOURIRE
DE LA VACHE QUI RIT EN OUVRANT LE RÉFRIGÉRATEUR ?
CHEZ MON PÈRE, IL Y EN AVAIT TOUJOURS.

Chou rouge grillé à La vache qui rit — 4 personnes —

½ petit chou rouge

80 ml (⅓ tasse) d'huile d'olive

Sel et poivre du moulin

Assaisonnement

4 triangles La vache qui rit

Jus de 1 citron

2 c. à soupe d'huile d'olive

2 c. à soupe d'aneth haché

2 c. à soupe de menthe déchiquetée

Sel et poivre du moulin

Préchauffez le four à 220 °C (425 °F). ∞ Coupez le chou en fins quartiers sans qu'ils soient détachés du cœur afin que les feuilles soient retenues. Huilez, salez et poivrez généreusement. ∞ Déposez les quartiers sur une plaque et enfournez au moins 20 minutes en les retournant à mi-cuisson. (On recherche le goût caramélisé du chou, alors n'ayez pas peur de pousser la cuisson.) ∞ Retirez du four et transférez dans un grand bol. Aussitôt, ajoutez les triangles de fromage grossièrement défaits, le jus de citron et l'huile. Mélangez pour faire fondre le fromage. ∞ Parsemez des herbes et rectifiez l'assaisonnement.

N. B. Cette salade se mange tiède, mais elle est aussi très bonne froide.

Variante
Préchauffez le barbecue à intensité moyenne-forte. Disposez les quartiers sur les grilles chaudes et faites cuire de 10 à 15 minutes en les retournant à mi-cuisson.

QUAND UNE NOUVELLE BLONDE VOULAIT M'IMPRESSIONNER
AVEC UNE COQUILLE SAINT-JACQUES, JE ME DISAIS : POURVU
QU'ELLE SOIT AUSSI BONNE QUE CELLE DE MA MÈRE !

Coquilles Saint-Jacques — 4 personnes —

Purée de pommes de terre

**2 pommes de terre Yukon
Gold en gros cubes**

2 gousses d'ail

3 c. à soupe de beurre

2 c. à soupe de lait

2 oignons verts émincés

Sel et poivre du moulin

Pétoncles

**½ poireau (partie blanche)
émincé**

4 c. à soupe de beurre

2 c. à soupe de farine

**80 ml (⅓ tasse) de fumet
ou de bouillon de poulet**

125 ml (½ tasse) de lait

4 c. à soupe de vin blanc sec

12 pétoncles moyens

**250 ml (1 tasse) de fromage
à pâte ferme (Le 1608, Le
Gré des Champs, Alfred le
Fermier) râpé**

Paprika (facultatif)

Sel et poivre du moulin

La purée de pommes de terre

Dans une grande casserole, mettez à cuire les pommes de terre et l'ail à l'eau froide. Salez dès que l'eau bout. ☜ Lorsque les pommes de terre sont tendres, égouttez-les et passez-les avec l'ail à la moulinette ou au presse-purée. (On peut utiliser le pilon, mais assurez-vous d'obtenir une texture parfaitement lisse.) ☜ Remettez la purée dans la casserole à feu doux pour la réchauffer, ajoutez le beurre en noisettes, le lait et assaisonnez. Mélangez jusqu'à l'obtention d'une texture homogène et onctueuse. Incorporez les oignons verts et réservez.

La sauce aux pétoncles

Allumez le gril du four. ☜ Dans une casserole, à feu modéré, faites suer le poireau dans 2 cuillerées de beurre, 2 minutes. Ajoutez la farine et poursuivez la cuisson 1 minute. ☜ Versez les liquides et portez à ébullition en brassant continuellement. Réduisez le feu et laissez cuire 10 minutes jusqu'à ce que la sauce soit onctueuse. Assaisonnez et réservez. ☜ Dans une grande poêle, faites mousser le beurre restant. Salez, poivrez les pétoncles et faites-les dorer d'un côté seulement, 2 minutes.

Le montage

Transvidez la purée de pommes de terre dans une poche à douille ou un sac plastique épais avec une extrémité coupée et garnissez-en le contour des coquilles ou des ramequins. ☜ Disposez au centre 3 pétoncles, nappez-les de sauce crémeuse et saupoudrez de fromage les pétoncles et la purée et, si désiré, de paprika. ☜ Mettez sous le gril du four 10 minutes ou jusqu'à ce que le fromage soit gratiné et servez aussitôt.

Truc

Pour obtenir de beaux pétoncles dorés, avant de les cuire, déposez-les sur un papier absorbant pour les assécher.

J'AI DÉTESTÉ LES BÂTONNETS DE
POISSON CONGELÉS ! JE VOUS EN SUPPLIE, FAITES VOS
PROPRES POISSONS PANÉS, C'EST SI SIMPLE
ET TELLEMENT BON !

Poisson pané — 4 personnes —

Zeste et jus de 1 citron lavé

1 gousse d'ail finement hachée

4 c. à soupe d'huile d'olive

500 g (1 lb) de filets de tilapia

125 ml (½ tasse) de chapelure

125 ml (½ tasse) de flocons d'avoine (gruau)

125 ml (½ tasse) de semoule de maïs fine

2 c. à soupe de fécule de maïs

125 ml (½ tasse) d'huile d'olive pour la cuisson

Sel et poivre du moulin

Accompagnements
Tranches de citron

Crème sure aux cornichons (ci-dessous)

Riz pilaf (p. 21)

Dans un plat peu profond, combinez le zeste, le jus de citron, l'ail et l'huile d'olive. Coupez les filets en deux ou taillez en bâtonnets de 4 x 10 cm (1 ½ x 4 po). Déposez-les dans le plat, bien enrober et laissez mariner 15 minutes à température ambiante. ☙ Dans un autre grand plat peu profond, combinez la chapelure, les flocons d'avoine, la semoule de maïs et la fécule de maïs. ☙ Égouttez les morceaux de poisson, salez, poivrez et passez-les dans le mélange sec en pressant légèrement avec les doigts pour faire adhérer le plus de panure possible. ☙ Dans une poêle moyenne, chauffez l'huile d'olive à feu modéré (elle doit être chaude, mais non fumante), et faites dorer le poisson 4-6 minutes de chaque côté. ☙ Déposez les filets ou les bâtonnets sur un papier absorbant pour éliminer l'excédent de gras de cuisson. Servez avec du citron, la crème sure aux cornichons et le riz pilaf.

Crème sure aux cornichons

1 gros cornichon à l'aneth coupé en dés

250 ml (1 tasse) de crème sure

4 c. à soupe de ciboulette hachée

Sel et poivre du moulin

Assemblez tous les ingrédients dans un bol, mélangez et laissez reposer au réfrigérateur une bonne demi-heure avant de servir.

N. B. C'est ma version de la traditionnelle sauce tartare, comme la faisait ma mère, sans mayonnaise donc moins grasse.

.../21

Riz pilaf — 4 personnes —

3 c. à soupe de beurre

1 petit oignon finement haché

250 ml (1 tasse) de riz à grains longs

375 ml (1 ½ tasse) de bouillon de poulet chaud

1 feuille de laurier

4 c. à soupe de ciboulette émincée

Sel et poivre du moulin

MA TANTE CÉLINE A TOUJOURS FAIT SON RIZ AVEC LE PLUS GRAND SOIN. FAITES COMME ELLE, TRAITEZ-LE AUX PETITS OIGNONS !

Dans une casserole, chauffez 2 cuillerées de beurre à feu modéré, et faites suer les oignons jusqu'à ce qu'ils deviennent translucides, sans les laisser colorer. ∞ Ajoutez le riz, mélangez et faites cuire 1 minute. Versez le bouillon et portez à ébullition. Ajoutez le laurier, couvrez et faites cuire à feu modéré 20 minutes sans remuer. ∞ Lorsque le riz est prêt, incorporez le beurre restant et la ciboulette, rectifiez l'assaisonnement et servez.

CE PLAT TRÈS ÉCONOMIQUE A NOURRI MON ENFANCE.
MALHEUREUSEMENT, C'ÉTAIT SOUVENT TROP CUIT.
VOICI MA REVANCHE !

Chop suey — 4 personnes —

½ oignon espagnol
(ou 1 oignon) émincé

2 c. à soupe d'huile d'olive

3 c. à soupe de gingembre
haché finement

12 shiitake, sans le pied,
émincés

500 g (1 lb) de bœuf haché

2 branches de céleri
finement émincées

½ poivron rouge en lamelles

2 gousses d'ail hachées

4 c. à soupe de sauce au
poisson (Nuoc Mam)

4 c. à soupe de tamari
ou de sauce soya

1 l (4 tasses) de fèves
germées

Au choix : coriandre,
menthe, persil hachés
grossièrement

Poivre du moulin

Dans une grande poêle ou un wok, faites caraméliser légèrement les oignons dans l'huile. ☙ Ajoutez le gingembre, les champignons et poursuivez la cuisson, à feu vif, 2 minutes. ☙ Ajoutez le bœuf et, à l'aide d'une cuillère en bois, défaites les grains de la viande pendant qu'elle cuit. ☙ Incorporez le céleri, le poivron, l'ail et faites rissoler quelques minutes avant de compléter avec le reste des ingrédients. (Ne salez pas davantage, la sauce au poisson et le tamari le sont déjà bien assez.) Servez aussitôt.

Truc
Les fèves germées libèrent beaucoup d'eau à la cuisson. Lorsqu'elles cuisent trop, elles ramollissent et rendent la préparation un peu fade. C'est pourquoi je les ajoute à la fin de la cuisson.

JE ME SOUVIENS D'AVOIR LONGUEMENT
OBSERVÉ MA MÈRE ROULER SES BOULETTES UNE À
UNE. TIENS, JE ME DEMANDE SI ELLE A ENCORE
SON BOL EN CÉRAMIQUE JAUNE PÂLE...

Ragoût de boulettes — 6 personnes —

500 g (1 lb) de jarrets de porc

2 c. à soupe d'huile d'olive

1 petit oignon coupé en 4

1 tête d'ail coupée en 2

2 clous de girofle

Sel et poivre du moulin

Boulettes

2 c. à soupe d'huile d'olive

1 petit oignon haché

250 ml (1 tasse) de mie
de pain en dés

80 ml (⅓ tasse) de lait

700 g (1 ½ lb) de porc haché

225 g (½ lb) de bœuf haché

Chair des jarrets de porc

1 c. à thé de piment
de la Jamaïque*

Huile en quantité suffisante
pour la cuisson

1,25 l (5 tasses) du bouillon de
cuisson des jarrets

125 ml (½ tasse) de farine
grillée**

Sel et poivre du moulin

Accompagnement
Purée de carottes, rutabagas,
brocolis et fromage (p. 27)

* Parfois appelé toute-épice.
** La farine est simplement grillée
dans une poêle à sec.

La cuisson des jarrets de porc

Salez et poivrez la viande. ☙ Dans une grande casserole, à feu modéré-vif, chauffez l'huile et faites colorer la viande uniformément. Couvrez d'eau froide, ajoutez les oignons, l'ail et les clous de girofle. Mettez un couvercle et laissez cuire à feu doux 3 heures. ☙ Retirez la viande, filtrez le bouillon et laissez refroidir. ☙ Effilochez la chair des jarrets. Réservez 1,25 (5 tasses) de bouillon et la viande.

Les boulettes

Dans une poêle, à feu modéré-vif, chauffez 2 cuillerées d'huile et faites caraméliser les oignons. Pendant ce temps, mettez à tremper le pain dans le lait. ☙ Dans un grand bol, combinez les oignons caramélisés, le pain gonflé, les viandes hachées, le porc effiloché et le piment de la Jamaïque. Salez et poivrez. ☙ Façonnez des boulettes de la grosseur d'une balle de golf. Dans une grande poêle, avec un fond d'huile, à feu modéré-vif, faites rôtir uniformément quelques boulettes à la fois. Déposez-les au fur et à mesure dans une grande casserole. ☙ Mettez de côté 125 ml (½ tasse) du bouillon de cuisson des jarrets et versez le reste sur les boulettes. Portez à ébullition, baissez le feu et laissez mijoter 10 minutes. ☙ Mélangez le bouillon réservé avec la farine grillée. Ajoutez-le dans la casserole, remuez et poursuivez la cuisson 30 minutes. Si la sauce est trop liquide, retirez les boulettes et faites-la réduire doucement. Rectifiez l'assaisonnement et servez avec une bonne purée.

.../27

Purée de carottes, rutabagas, brocolis et fromage — 6 personnes —

750 ml (3 tasses) de carottes
en tronçons

750 ml (3 tasses) de
rutabagas en cubes

3 gousses d'ail écrasées

750 ml (3 tasses) de
bouquets de brocolis

3 c. à soupe de beurre

6 c. à soupe et plus de
parmesan fraîchement râpé

Sel et poivre du moulin

UNE MERVEILLEUSE FAÇON DE FAIRE MANGER DES NAVETS
AUX ENFANTS... C'EST SUCRÉ. SURTOUT NE PAS TROP PILER, C'EST
MEILLEUR QUAND IL RESTE ENCORE DES PETITS MORCEAUX.

Dans une grande casserole d'eau bouillante salée, faites cuire les carottes, les rutabagas et l'ail 10 minutes. Ajoutez les brocolis et poursuivez la cuisson 15 minutes. ☞ Égouttez et remettez dans la casserole. Ajoutez le beurre et pilez grossièrement. ☞ Assaisonnez généreusement et servez aussitôt la purée garnie de fromage.

CHEZ MOI, NATHALIE AVAIT L'HABITUDE
DE VERSER UN FILET DE VINAIGRE BLANC SUR LE
CHOU. AUJOURD'HUI... JE FAIS EXACTEMENT
LA MÊME CHOSE !

Bouilli de bœuf et... vinaigre blanc — 6 personnes —

1 rôti de palette de bœuf de 1,1 kg (2 ⅓ lb) avec l'os

1 oignon espagnol (ou 2 oignons) coupé en 4

6 gousses d'ail

3 grosses carottes en gros tronçons

1 clou de girofle

2 feuilles de laurier

12 pommes de terre grelots

6 échalotes françaises

½ rutabaga en gros cubes

1 petit chou en 6 quartiers

2 branches de céleri en tronçons

18 haricots jaunes

18 haricots verts

1 jambonneau cuit de 360 g (¾ lb) coupé en 6

Fleur de sel et poivre du moulin

———

Accompagnements
Vinaigre blanc (facultatif)

Petits cornichons

Dans une grande casserole, déposez la pièce de viande, l'oignon, l'ail, 1 carotte, le clou de girofle et le laurier. Versez suffisamment d'eau pour couvrir la viande d'au moins 10 cm (4 po). Portez à ébullition, réduisez le feu et laissez mijoter, mi-couvert, 2 heures. (Écumez à quelques reprises pour conserver le bouillon clair.) ☙ Au-dessus d'un grand bol, filtrez le bouillon et jetez les légumes et les aromates. Retirez l'os de la viande, coupez 6 morceaux et remettez-la avec le bouillon dans la casserole. ☙ Ajoutez les 2 autres carottes, les pommes de terre, les échalotes, le rutabaga, le chou et le céleri. Faites cuire, à feu doux, 25 minutes. ☙ Pendant ce temps, ficelez 6 fagots de haricots (3 jaunes et 3 verts attachés ensemble). ☙ Environ 10 minutes avant la fin de la cuisson, ajoutez les haricots et le jambonneau.

Servir
Répartissez la viande, le jambonneau et les légumes dans des assiettes creuses ou des bols, assaisonnez avec une pincée de fleur de sel, un coup de moulin à poivre, du vinaigre, si désiré, et quelques cornichons.

UN CLASSIQUE D'ICI POUR LEQUEL JE REMPLACE
L'ÉTERNELLE VIANDE HACHÉE PAR CE QUE J'APPELLE UNE
« ASSURANCE SAVEUR » : LA SAUCISSE.

Cigares au chou — 6 personnes —

Sauce tomate

2 c. à soupe d'huile d'olive

1 oignon haché

2 gousses d'ail hachées

1 boîte de 796 ml (28 oz) de tomates italiennes

125 ml (½ tasse) d'eau

Sel et poivre du moulin

Cigares

20 feuilles de chou de Savoie

2 c. à soupe d'huile d'olive

½ oignon haché

3 gousses d'ail hachées

1 petite carotte en dés

500 g (1 lb) de saucisses italiennes

250 ml (1 tasse) de parmesan fraîchement râpé

4 c. à soupe de pignons grillés

180 ml (¾ tasse) de riz cuit

Sel et poivre du moulin

La sauce tomate

Dans une casserole, chauffez l'huile à feu modéré, et faites suer l'oignon et l'ail jusqu'à ce qu'ils deviennent translucides. ☞ Ajoutez les tomates et laissez mijoter 15 minutes à feu doux. ☞ Broyez à l'aide d'un mélangeur à main. Assaisonnez et réservez 125 ml (½ tasse) de la sauce pour la farce. Incorporez l'eau au restant de la sauce tomate.

Les cigares

Préchauffez le four à 190 °C (375 °F). ☞ Dans une casserole d'eau bouillante salée, faites blanchir les feuilles de chou 4 minutes. Retirez-les et plongez-les dans une eau glacée pour arrêter la cuisson. Déposez-les sur un papier absorbant pour les assécher. ☞ Dans une poêle, chauffez l'huile à feu modéré-vif, et faites suer l'oignon, l'ail et la carotte 5 minutes. Transvidez dans un bol et laissez tiédir. ☞ Retirez les boyaux des saucisses et ajoutez la chair aux légumes refroidis ainsi que le parmesan, les pignons, le riz et les 125 ml (½ tasse) de sauce tomate réservée. Assaisonnez. (Vérifiez l'assaisonnement en cuisant une petite boulette quelques secondes au micro-ondes.) ☞ Transférez le restant de la sauce tomate dans un grand plat allant au four. À l'aide d'un petit couteau, retirez la tige centrale de chaque feuille de chou. Déposez 2-3 cuillerées de farce au centre et repliez les côtés avant de rouler fermement. Déposez les cigares, côté plié sur la sauce. ☞ Couvrez d'un papier d'aluminium et enfournez 40 minutes.

VOICI LA RECETTE FAMILIALE DES NADEAU ET
DES GRONDIN DE LA BEAUCE. GAGEONS QU'ELLE
FERA AUSSI UN HIT PARTOUT AILLEURS !

Tourtière de la Beauce — 6-8 personnes —

2 kg (4 ¼ lb) de fesse (ou d'épaule) de porc avec l'os

3 oignons hachés finement

1 c. à soupe de piment de la Jamaïque*

Sel et poivre du moulin

Pâte brisée

625 ml (2 ½ tasses) de farine

180 ml (¾ tasse) + 2 c. à soupe de beurre à température ambiante

½ c. à thé de sel

180 ml (¾ tasse) d'eau très froide

1 jaune d'œuf battu avec 1 c. à soupe d'eau

Accompagnements
Sirop d'érable

Betteraves à la crème (p. 35)

* Parfois appelé toute-épice.

La cuisson de la viande

Choisissez une casserole juste assez grande pour la pièce de viande. Mettez le porc, les oignons et versez assez d'eau pour couvrir. Salez et poivrez généreusement. ☞ Portez à ébullition, réduisez le feu à modéré-doux et laissez mijoter 4 heures jusqu'à ce que le liquide soit presque entièrement évaporé. ☞ Retirez la viande de la casserole, désossez et effilochez la chair. ☞ Transférez dans un bol les oignons cuits avec un peu de jus de cuisson. Ajouter la viande, le piment de la Jamaïque et rectifiez l'assaisonnement. Laissez refroidir.

La pâte brisée

Dans le récipient d'un robot culinaire, combinez la farine, le beurre en morceaux et le sel. Actionnez par touches successives jusqu'à l'obtention d'une texture grumeleuse. (Il est important à cette étape de ne pas trop travailler la pâte.) ☞ Incorporez l'eau froide en filet, en actionnant le robot jusqu'à ce qu'une boule se forme. ☞ Enveloppez la pâte dans une pellicule plastique et placez-la au réfrigérateur 15 minutes.

Le montage

Préchauffez le four à 190 °C (375 °F). ☞ Sur un plan de travail fariné, partagez la pâte en 2 et abaissez pour obtenir des cercles de 28 cm (11 po) de diamètre et de 0,5 cm (¼ po) d'épaisseur. ☞ Foncez un moule à tarte de 23 cm (9 po). Remplissez la croûte avec la garniture au porc et couvrez de la seconde abaisse. Scellez la bordure de la tourtière, badigeonnez le dessus du mélange d'œuf et pratiquez quelques entailles. ☞ Enfournez au moins 30 minutes jusqu'à ce que la pâte soit bien dorée.

Servir

Partagez la tourtière en portions et arrosez généreusement de sirop d'érable. Le goût des betteraves se marie bien avec cette tourtière.

.../35

Betteraves à la crème — 6 personnes —

**6 betteraves rouges
moyennes**

**250 ml (1 tasse) de crème
champêtre 15 %**

**3 c. à soupe de sirop
d'érable**

**2 c. à soupe de moutarde
de Dijon**

**4 c. à soupe de menthe
déchiquetée**

Sel et poivre du moulin

Préchauffez le four à 190 °C (375 °F). ∞ Enveloppez individuelle-ment chaque betterave dans du papier d'aluminium et fermez hermétiquement. Déposez sur une plaque et faites cuire au four au moins 40 minutes (jusqu'à 60 minutes pour les plus grosses). Elles sont prêtes lorsque la pointe d'un couteau transperce la chair facilement. ∞ Déballez, laissez tiédir avant de peler (avec des gants). Coupez les betteraves en tranches de 0,5 cm (¼ po) d'épaisseur. ∞ Dans une petite poêle, combinez la crème, le sirop d'érable et la moutarde. Portez à ébullition, réduisez le feu et laissez mijoter 3 minutes. ∞ Dans un plat de service, déposez les tranches et arrosez de la crème. Salez, poivrez et parsemez de menthe.

MADAME THIBAULT, MA GARDIENNE, FAISAIT LE MEILLEUR
GÂTEAU AU CHOCOLAT DU MONDE. VOICI CE QUE J'AI
CONCOCTÉ DE PLUS RESSEMBLANT. POUR CE DESSERT,
JE N'AI PAS DE FOND.

Gâteau au chocolat — 12 personnes —

125 ml (½ tasse) de poudre
de cacao

500 ml (2 tasses) de farine

1 c. à thé de bicarbonate
de soude

1 c. à thé de poudre à pâte

4 œufs

250 ml (1 tasse) de sucre

250 ml (1 tasse) de lait

180 ml (¾ tasse) de beurre
fondu

250 ml (1 tasse)
de crème sure

180 ml (¾ tasse) de chocolat
à 70 % de cacao, haché

Préchauffez le four à 180 °C (350 °F) et placez sur la grille du bas
une lèchefrite remplie d'eau. Beurrez généreusement un moule
à cheminée. ∞ Dans un grand bol, tamisez les ingrédients secs.
∞ Dans un autre grand bol, à l'aide d'un batteur électrique,
fouettez les œufs et le sucre jusqu'à ce que la préparation ait
doublé de volume. Ajoutez le lait et le beurre fondu en continuant
de battre jusqu'à ce que le mélange soit homogène. Incorporez
la crème sure. ∞ À basse vitesse, ajoutez les ingrédients secs. À
l'aide d'une spatule en plastique, incorporez le chocolat haché.
∞ Transvidez dans le moule et enfournez sur la grille au milieu du
four 40 minutes ou jusqu'à ce qu'un cure-dent en ressorte propre.
Ajoutez de l'eau dans la lèchefrite, si nécessaire.

Sauce chocolat — 375 ml (1 ½ tasse) —

250 ml (1 tasse) de chocolat
à 70 % de cacao, haché

125 ml (½ tasse)
de crème 35 %

Au micro-ondes, faites fondre 1 minute le chocolat dans la crème.
Mélangez pour obtenir une sauce homogène. ∞ Versez sur le
gâteau avant de servir.

AH ! NOTRE DESSERT PRÉFÉRÉ À MON FRÈRE ET MOI !
MAMAN LA LAISSAIT REFROIDIR SUR LE POÊLE, ET NOUS
PIGIONS À MÊME LE PLAT PYREX. NOUS EN MANGIONS
MÊME LE LENDEMAIN AU DÉJEUNER.

Croustade aux pommes — 8 personnes —

Garniture aux pommes

6 pommes Cortland

Zeste de 1 citron lavé

Jus de ½ citron

½ c. à thé de piment de la Jamaïque*

3 c. à soupe de beurre fondu

80 ml (⅓ tasse) de cassonade

Croustillant

160 ml (⅔ tasse) de farine

625 ml (2 ½ tasses) de flocons d'avoine (gruau)

250 ml (1 tasse) de cassonade

125 ml (½ tasse) de beurre froid en cubes

4 c. à soupe d'amandes effilées

4 c. à soupe de noisettes hachées grossièrement

* Parfois appelé toute-épice.

Préchauffez le four à 180 °C (350 °F). ∾ Pelez et coupez chaque pomme en 12 quartiers. Dans un bol, mélangez les pommes avec les ingrédients de la garniture. Couvrez le fond d'un moule pyrex de 20 x 30 cm (8 x 12 po) de diamètre. ∾ Dans un autre bol, combinez la farine, les flocons d'avoine, la cassonade et le beurre en mélangeant avec les mains jusqu'à l'obtention d'une texture sableuse. Incorporez les noix et mélangez de nouveau délicatement. ∾ Couvrez les pommes de cette préparation et enfournez 45 minutes.

BÉQUER BOBO

BÉQUER BOBO

Comme le dit la maxime : « Aux grands maux les grands remèdes. » Louis-François nous en propose ici plusieurs qui feront des miracles aussi bien sur les corps que sur les cœurs meurtris. Un plat de hot chicken aux arômes familiers, une soupe minestrone fumante, une sucrerie maison tout droit sortie de l'enfance… Il n'en faut souvent pas plus pour soigner un bleu ou un blues.

Autrefois, une chute de vélo, un vilain rhume ou la perte de notre toutou préféré suffisaient à nous voir quémander une

BÉQUER BOBO

pléthore de bisous. Aujourd'hui, à défaut de se blottir dans les bras de maman, on se cale dans son divan préféré, sous une lourde couette, pour savourer un riche chocolat chaud enfoui sous un épais et onctueux duvet de lait à la guimauve… Voilà de quoi nous faire oublier bien des soucis. En fait, c'est tellement bon qu'on se prendrait une nouvelle tuile sur la tête rien que pour trouver un prétexte pour se gâter plus longtemps !

UNE SOUPE NE PEUT PAS ÊTRE PLUS RÉCONFORTANTE
QUE ÇA ! LES MORCEAUX SONT COMME DES SURPRISES
À CHAQUE BOUCHÉE. MMM...

Crème de poulet — 4 personnes —

Bouillon de poulet

1 carcasse de poulet*

2 cuisses de poulet

1 poireau (partie verte seulement)

1 branche de céleri en tronçons

1 carotte en tronçons

2-3 gousses d'ail écrasées

1 feuille de laurier

2-3 branches de thym

Crème de poulet

1 c. à soupe d'huile d'olive

1 c. à soupe de beurre

1 poireau (partie blanche) émincé

1 carotte en dés

3 pommes de terre grelots en tranches

250 ml (1 tasse) de haricots verts émincés

1 c. à soupe de farine

750 ml (3 tasses) du bouillon de poulet (ci-dessus)

500 ml (2 tasses) de crème champêtre 15 %

Chair des cuisses cuites dans le bouillon

Sel et poivre du moulin

*** Procurez-vous une carcasse de poulet chez le boucher ou utilisez mon truc (ci-contre).**

Le bouillon

Assemblez tous les ingrédients dans une casserole et couvrez d'eau. Laissez mijoter en prenant soin d'écumer (retirer la mousse qui se forme) dès le début de l'ébullition. (Il est important de cuire très doucement pour que le bouillon ne se trouble pas.) ∽ Après 45 minutes, retirez les cuisses de poulet et désossez. Coupez la chair en morceaux et réservez au réfrigérateur. ∽ Remettez les os des cuisses dans le bouillon et poursuivez la cuisson encore 45 minutes. ∽ Filtrez le bouillon. Si vous désirez un bouillon dégraissé, mettez-le au réfrigérateur. Retirez le gras à la surface avant de l'utiliser. ∽ Conservez le bouillon non utilisé au congélateur.

La crème de poulet

Dans une casserole, chauffez l'huile et le beurre à feu moyen, et faites suer les légumes jusqu'à ce qu'ils soient à peine tendres. ∽ Saupoudrez la farine, remuez et versez le bouillon de poulet et la crème. Portez à ébullition et laissez réduire 10 minutes. ∽ Assaisonnez, ajoutez les morceaux de poulet et servez la soupe bien chaude.

Truc

Vous pourriez également acheter un poulet entier. En retirer les suprêmes (poitrines) que vous utiliserez pour une autre recette. Détachez aussi les cuisses afin de pouvoir les retirer avant la fin de la cuisson.

Minestrone aux lardons — 6 personnes —

3 c. à soupe d'huile d'olive

1 oignon espagnol émincé

2 gousses d'ail hachées

1 grosse carotte en fines rondelles

2 branches de céleri émincées

2 courgettes en dés

2 branches de thym effeuillées

2 feuilles de laurier

1,5 l (6 tasses) de bouillon de bœuf

1 boîte de 796 ml (28 oz) de tomates en dés

180 ml (¾ tasse) de fusillis

1 boîte de 540 ml (19 oz) de haricots blancs

10 tranches de bacon en lardons

500 ml (2 tasses) de jeunes épinards

Quelques copeaux de mimolette vieille ou de parmesan

Sel et poivre du moulin

Dans une grande casserole, chauffez l'huile et faites revenir les légumes quelques minutes pour les attendrir. Ajoutez le thym et le laurier. Versez le bouillon de bœuf et les tomates. Laissez mijoter 10 minutes. ☞ Ajoutez les fusillis et poursuivez la cuisson 8 minutes. ☞ Égouttez et rincez les haricots blancs pour les ajouter à la soupe, poursuivez la cuisson 10 minutes. ☞ Pendant ce temps, dans une poêle chaude, faites revenir les lardons jusqu'à ce qu'ils soient croustillants. Retirez le maximum de gras et ajoutez les épinards pour les faire tomber 2 minutes.

Servir
Versez le minestrone dans des bols, répartissez la garniture de bacon et d'épinards et parsemez de copeaux de fromage.

N. B. La mimolette est un fromage à base de lait de vache que l'on produit dans le nord de la France. La mimolette vieille est affinée pendant 12 mois. On trouve aussi l'extra-vieille.

Variante
C'est la base. Bien sûr, vous pouvez varier les légumes selon les saisons.

CETTE SOUPE D'UNE GRANDE SIMPLICITÉ EST PARFAITE
QUAND ON NE FILE PAS. MA MÈRE L'AVAIT BIEN COMPRIS.
SON SECRET RÉSIDE DANS L'ASSAISONNEMENT.

Lait de céleri — 6 personnes —

3 c. à soupe de beurre

**1 oignon espagnol
(ou 2 oignons) émincé**

2 gousses d'ail hachées

**2 l (8 tasses) de céleri avec
les feuilles émincé**

1,5 l (6 tasses) de lait

Sel et poivre du moulin

Dans une grande casserole, chauffez le beurre à feu modéré,
et faites suer les oignons et l'ail jusqu'à ce qu'ils deviennent
translucides. ✑ Ajoutez le céleri et mouillez avec le lait.
✑ Portez à ébullition, réduisez le feu et laissez mijoter 20 minutes.
✑ Salez, poivrez généreusement et servez aussitôt.

LES PETITS ADORENT CETTE SALADE
GOÛTEUSE AUX ARÔMES D'ASIE. LEUR FAIRE
MANGER DES BONNES CHOSES ? COMME ÇA,
C'EST UN JEU D'ENFANT !

Salade d'Amour avec un grand A — 4 personnes —

4 pleurotes érigés (King) ou tout autre gros champignon

2 c. à soupe d'huile d'olive

1 concombre libanais

2 oignons verts émincés

250 ml (1 tasse) de riz cuit

2 c. à soupe de raisins secs

4 c. à soupe de noix de cajou

250 ml (1 tasse) de fèves germées

750 ml (3 tasses) de jeunes épinards

Sel et poivre du moulin

Vinaigrette

2 c. à soupe de sirop d'érable

2 c. à soupe de sauce soya

1 c. à soupe de vinaigre de riz ou de saké

1 gousse d'ail hachée

1 c. à soupe de gingembre râpé

1 pincée de flocons de piments forts (ou de Sambal Oelek)

125 ml (½ tasse) d'huile d'olive ou végétale

La salade

Coupez les champignons en 2 sur le long. Dans une grande poêle, faites-les rôtir dans l'huile. Salez et poivrez. Tranchez finement le concombre en biseau. Dans un grand bol, combinez tous les ingrédients et versez 4 bonnes cuillerées de vinaigrette avant de servir.

La vinaigrette

Dans une petite casserole, faites chauffer les ingrédients, à l'exception de l'huile, 5-6 minutes. Laissez refroidir avant d'incorporer l'huile en fouettant. Réservez.

N. B. S'il vous reste de la vinaigrette, utilisez-la avec des brocolis vapeur, un poisson ou du poulet rôti.

DORÉNAVANT, PRÉPAREZ VOS HOT CHICKEN
AVEC UN RESTANT DE POULET BARBECUE...
COMME CHEZ ST-HUBERT.

Poulet barbecue, hot chicken — 4 personnes —

4 gousses d'ail hachées

2 c. à soupe de paprika fumé (pimentón)

60 ml (¼ tasse) de gros sel

4 c. à soupe de jus de citron

125 ml (½ tasse) d'huile d'olive

125 ml (½ tasse) d'eau

3 branches de romarin effeuillées, hachées

Un petit poulet de 1,5 kg (3 lb)

Dans un petit robot ou encore au mortier, broyez l'ail, le paprika et le gros sel. Délayez cette pâte avec le jus de citron, l'huile et l'eau. Ajoutez le romarin. ☞ Coupez en 2 le poulet. À l'aide de ciseaux, retirez la colonne vertébrale en taillant de chaque côté. ☞ Mettez les demi-poulets dans un plat. Versez la marinade et réfrigérez 4 heures en retournant de temps en temps. ☞ Préchauffez le four à 220 °C (425 °F). ☞ Égouttez le poulet. Déposez les demi-poulets, côté chair, sur une plaque couverte de papier parchemin. Enfournez et faites griller 25 minutes. (Surveillez la cuisson afin que la volaille ne brûle pas.) Réduisez la température du four à 190 °C (375 °F) et poursuivez la cuisson 20 minutes.

Sandwich hot chicken — 4 personnes —

½ poulet barbecue (ci-dessus)

8 tranches de pain au sésame (ou multigrain ou de campagne)

500 ml (2 tasses) de mélange à sauce hot chicken du commerce

330 ml (1 ⅓ tasse) de petits pois surgelés, cuits

———

Accompagnement
Patates douces au romarin (p. 55)

Effilochez le poulet en conservant la peau. ☞ Faites griller les tranches de pain. Répartissez le poulet sur 4 tranches avant de fermer les sandwichs avec une deuxième tranche. ☞ Préparez la sauce selon les indications du fabricant et versez généreusement sur les sandwichs. ☞ Couvrez de petits pois et servez avec les patates douces au romarin.

.../55

Patates douces au romarin — 4 personnes —

**2 grosses patates douces
lavées**

**60 ml (¼ tasse) d'huile
d'olive**

**4 branches de romarin
effeuillées**

Sel et poivre du moulin

Préchauffez le four à 200 °C (400 °F). ∞ Coupez les patates en 2 sur le sens de la longueur et ensuite en quartiers. Transférez sur une plaque couverte de papier parchemin. Arrosez d'huile d'olive, parsemez de romarin, salez et poivrez. ∞ Mélangez et enfournez au moins 25 minutes.

ICI, ON NE SE BAT PAS POUR LE GRATINÉ,
IL Y EN A POUR TOUT LE MONDE.

Macaroni au fromage — 6 personnes —

4 c. à soupe de beurre

4 c. à soupe de farine

1 l (4 tasses) de lait

375 ml (1 ½ tasse)
de crème 15 %

1 gousse d'ail finement
hachée

750 ml (3 tasses)
de macaronis

1 l (4 tasses) de gruyère râpé

Sel et poivre du moulin

La préparation

Dans une casserole, faites fondre le beurre, ajoutez la farine en mélangeant et poursuivez la cuisson 1 minute. ∞ Incorporez le lait, la crème et l'ail. Portez à ébullition et réduisez le feu au minimum. Laissez cuire en mélangeant souvent jusqu'à consistance onctueuse, 10 minutes. Assaisonnez généreusement. ∞ Pendant ce temps, dans une eau bouillante salée, faites blanchir les macaronis 4 minutes. Les pâtes doivent être très croquantes sous la dent. Égouttez et réservez dans un grand bol. ∞ Versez la béchamel chaude sur les pâtes et incorporez la moitié du fromage. Mélangez et laissez à température ambiante environ 1 heure.

La cuisson

Préchauffez le four à 230 °C (450 °F). ∞ Transvidez les macaronis sur une grande plaque à rebord de 33 x 41 cm (13 x 16 po), parsemez du restant de fromage et enfournez 15 minutes jusqu'à ce que le dessus soit bien gratiné.

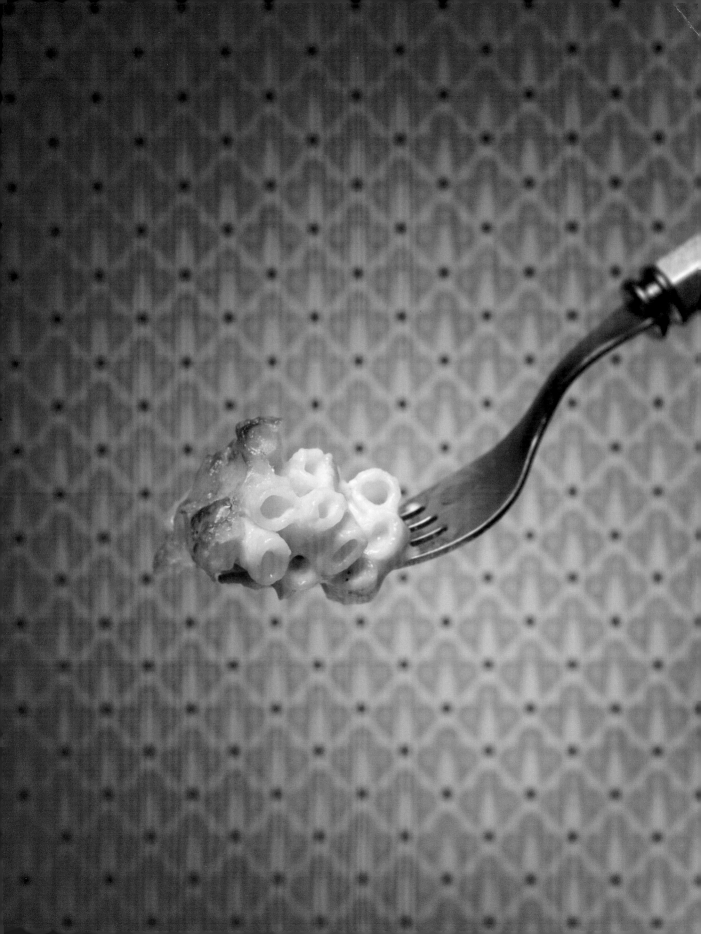

LE SPAGHETTI AUX BOULETTES, ON AIME
ÇA DE PÈRE EN FILS, ET ON LES PRÉFÈRE GROSSES
COMME DES BALLES DE TENNIS.

Spaghetti aux polpettes de veau, sauce tomate — 4 personnes —

Polpettes

570 g (1 ¼ lb) de veau haché

1 oignon haché

4 gousses d'ail hachées

2 œufs

2 c. à soupe de moutarde de Dijon

4 c. à soupe de basilic haché

500 ml (2 tasses) de parmesan fraîchement râpé

Sel et poivre du moulin

Accompagnements
Sauce tomate (p. 61)

Pâtes longues, au choix : spaghettis, linguines…

Fines herbes hachées (basilic, persil, origan…)

Huile d'olive

La sauce tomate
Préparez d'abord la sauce tomate.

Les polpettes
Pendant que la sauce cuit, mélangez tous les ingrédients des polpettes et formez 8 grosses boulettes. ∞ Ajoutez-les dans la casserole avec la sauce. Faites cuire, à feu très doux. (Pour que les boulettes restent entières, assurez-vous d'une cuisson lente, à petits bouillons.) ∞ Après 25 minutes, tournez les boulettes très délicatement. Poursuivez la cuisson au moins 20 minutes. Si la sauce est trop liquide, retirez les boulettes et laissez-la réduire à feu modéré-vif. ∞ Faites cuire les pâtes de votre choix. Servez avec les polpettes et la sauce. Garnissez de fines herbes et arrosez d'un filet d'huile d'olive.

Variante
Les polpettes sont populaires en Italie. Ces boulettes sont souvent faites de restants de viande. Le veau peut être remplacé par du bœuf, de la dinde ou du porc.

.../61

Sauce tomate

2 oignons hachés

1 c. à soupe d'huile d'olive

2 gousses d'ail hachées

**2 boîtes de 796 ml (28 oz)
de tomates italiennes**

**2 c. à soupe d'herbes
(ciboulette, persil, basilic...)**

Sel et poivre du moulin

Dans une sauteuse ou une grande casserole, faites suer les oignons dans l'huile à feu doux. Lorsqu'ils sont translucides, ajoutez l'ail et les tomates. ☞ À feu modéré, faites bouillir la sauce, salez légèrement et baissez le feu. La sauce doit mijoter doucement. ☞ Après 20 minutes, à l'aide d'un fouet ou d'une cuillère en bois, défaites les tomates. Laissez cuire 10 minutes de plus en remuant régulièrement jusqu'à consistance onctueuse. ☞ Retirez du feu et rectifiez l'assaisonnement. ☞ À l'aide d'un mélangeur à main ou d'un pilon, réduisez la sauce en purée. Laissez tiédir.

Truc
Préférez les boîtes de tomates italiennes. Elles contiennent plus de chair et moins de jus, ce qui donne une sauce plus onctueuse.

MON AMI JEAN FAIT ENCORE SA TARTE AU CITRON
AVEC LE MÉLANGE SHERIFF. VOICI UNE VERSION ACTUALISÉE
ET MILLE FOIS MEILLEURE !

Carrés de biscuits Graham, citron, meringue — 8 personnes —

250 ml (1 tasse) de chapelure de biscuits Graham

5 c. à soupe de beurre fondu

1 ½ sachet de gélatine sans saveur

450 ml (1 ¾ tasse) d'eau

Zeste de 1 citron lavé

125 ml (½ tasse) de jus de citron

80 ml (⅓ tasse) de sucre

1-2 gouttes de colorant jaune (facultatif)

Garniture

Meringue (ci-dessous)

La croûte

Tapissez de pellicule plastique un moule carré de 20 cm (8 po) en prenant soin de faire dépasser la pellicule. ∞ Mélangez dans un bol la chapelure et le beurre. Transvidez le mélange dans le moule et pressez avec le dos d'une cuillère pour bien compacter. ∞ Réservez au réfrigérateur.

L'appareil au citron

Dans un petit bol, combinez la gélatine à 60 ml (¼ tasse) d'eau pour la faire gonfler. ∞ Dans une casserole, faites chauffer doucement le reste de l'eau, le zeste, le jus de citron et le sucre. Lorsque le sucre est dissous, ajoutez le colorant, si désiré, et la gélatine gonflée. Brassez jusqu'à dissolution de la gélatine. ∞ Laissez refroidir complètement en mélangeant régulièrement jusqu'à ce que la consistance devienne légèrement gélatineuse. (Ne versez pas la préparation chaude sur la croûte, ce qui la ferait ramollir.) ∞ Réfrigérez au moins 4 heures.

Servir

Démoulez en soulevant la pellicule plastique. Déposez sur une planche, coupez des carrés et servez avec la meringue.

Meringue

2 blancs d'œufs à température ambiante

125 ml (½ tasse) de sucre

La meringue ne supporte pas l'attente, préparez-la donc à la dernière minute. Dans un bol propre (important, sans quoi la meringue pourrait ne pas monter), fouettez au batteur électrique, à basse vitesse, les blancs d'œufs et le sucre jusqu'à l'obtention de pics semi-fermes. ∞ Réservez la meringue à température ambiante couverte d'un film plastique. ∞ Si elle se sépare, avant de servir, fouettez légèrement de nouveau.

C'EST L'UNE DES PREMIÈRES RECETTES
QUE J'AI RÉALISÉES... SUPERVISÉ PAR MAMAN.
JE NE VOUS DIS PAS MA FIERTÉ QUAND JE SORTAIS
CE PLAT DU FOUR !

Pouding pour ceux qui ne chôment pas ! — 6 personnes —

Caramel

**160 ml (⅔ tasse)
de sirop d'érable**

125 ml (½ tasse) de cassonade

**160 ml (⅔ tasse)
d'eau bouillante**

Gâteau

**375 ml (1 ½ tasse)
de farine**

1 c. à soupe de poudre à pâte

Une pincée de sel

**4 c. à soupe de beurre
pommade**

125 ml (½ tasse) de sucre

250 ml (1 tasse) de babeurre

**250 ml (1 tasse) de pacanes
hachées grossièrement**

Le caramel
Dans une casserole, portez à ébullition tous les ingrédients et, dès que la cassonade est dissoute, mettez de côté.

Le gâteau
Préchauffez le four à 180 °C (350 °F). ☜ Dans un bol, combinez la farine, la poudre à pâte et le sel. ☜ Dans un autre bol, à l'aide d'un batteur électrique, crémez le beurre et le sucre. En alternant, versez graduellement les ingrédients secs et le babeurre. ☜ Transvidez ce mélange dans un moule pyrex carré de 20 cm (8 po), éparpillez les pacanes et coulez le caramel au-dessus. ☜ Enfournez 45 minutes.

CETTE RECETTE EST PLUS MOELLEUSE, MOINS SUCRÉE
ET CERTAINEMENT PLUS SANTÉ QUE LES BISCUITS QUE L'ON
TROUVE DANS LES ÉPICERIES. BENJAMIN LES A ADOPTÉS !

Pattes d'ours — 36 biscuits —

625 ml (2 ½ tasses)
de farine

125 ml (½ tasse)
de cassonade

1 c. à thé de bicarbonate
de soude

½ c. à thé de poudre à pâte

1 c. à thé de cannelle

1 pincée de sel

160 ml (⅔ tasse)
de beurre pommade

1 c. à soupe
de gingembre râpé

1 œuf

250 ml (1 tasse)
de crème sure

160 ml (⅔ tasse)
de mélasse

Préchauffez le four à 180 °C (350 °F). ☙ Dans un grand bol, combinez tous les ingrédients secs et réservez. ☙ Dans un autre grand bol, à l'aide d'un batteur électrique, battez le beurre et le gingembre ensemble, ajoutez l'œuf, la crème sure et mélangez. Incorporez la mélasse et mélangez. ☙ Faites un puits au milieu des ingrédients secs, versez-y la préparation et, à l'aide d'une spatule, mélangez délicatement jusqu'à l'obtention d'un mélange lisse et homogène. ☙ Couvrez une plaque de papier parchemin. À l'aide d'une cuillère à soupe, déposez l'équivalent d'un petit œuf de pâte, écrasez légèrement et répétez l'opération. Laissez au minimum 2,5 cm (1 po) d'espace entre chaque biscuit. ☙ Enfournez 12-15 minutes.

Conservation
Laissez refroidir les pattes d'ours avant de les mettre dans un contenant hermétique pour les garder bien moelleuses.

JE ME SOUVIENS DE REVENIR D'UNE JOURNÉE
DE SKI ET DE ME BRÛLER LA LANGUE SUR UN CHOCOLAT
DÉLICIEUSEMENT TROP CHAUD. J'AIME L'HIVER !

Chocolat chaud et lait de guimauves — 4 personnes —

450 ml (1 ¾ tasse) de lait

1 anis étoilé

1 morceau de 2,5 cm (1 po) de gingembre émincé

180 ml (¾ tasse) de chocolat noir à 70 % de cacao, râpé

Garniture

Lait de guimauves (ci-dessous)

Dans une petite casserole, faites chauffer le lait, ajoutez l'anis étoilé, le gingembre et laissez infuser à feu très doux 15 minutes. ✆ Mettez le chocolat dans un bol et ajoutez le lait chaud à travers un tamis. Brassez jusqu'à ce que le mélange soit homogène.

Servir
Versez le chocolat chaud dans les tasses et garnissez de lait de guimauves bien moussant.

Lait de guimauves

4 c. à soupe de lait

3 grosses guimauves en morceaux

Au micro-ondes, faites chauffer le lait et les guimauves 1 minute. ✆ Brassez pour dissoudre les guimauves, puis fouettez vigoureusement pour obtenir une mousse. ✆ Répartissez sur les chocolats chauds.

GRIGNOTER SUR
LE POUCE...

LIMONADE

LIMONADE 25¢

GRIGNOTER SUR
LE POUCE...

Les moments improvisés font souvent partie des meilleurs. Un ami passe dire bonjour : « Aurais-tu une petite faim ? » On tire les tabourets de sous le comptoir, on farfouille dans le frigo et on en extrait des grignotines au goût d'autrefois, comme celles que maman nous préparait lorsque l'on revenait de l'école. Les céleris au fromage orange font alors basculer la conversation, qui prend des allures d'album de famille. L'un se souvient de son frère qui se précipitait pour lécher tout le fromage.

GRIGNOTER SUR LE POUCE...

L'autre adorait les biscuits à l'avoine double chocolat préparés par sa grand-mère selon la recette de sa mère qui la tenait elle-même de sa mère qui... Il y avait aussi le pain aux bananes de la voisine si gentille. Elle en avait toujours quelques morceaux sur la pantry pour les petits ventres de passage.

Ces réminiscences, Louis-François nous offre de les rendre bien réelles et même aussi savoureuses qu'autrefois. Vous souvenez-vous de la limonade rose de votre enfance ? Enfin, vous en découvrirez ici le secret !

À L'OCCASION, MA MÈRE NOUS ACHETAIT
DES CRACKER JACK. ENCORE AUJOURD'HUI, CE GOÛT
SUCRÉ-SALÉ ME DONNE ENVIE DE RIRE...
ET DE FAIRE DES BÊTISES.

Maïs soufflé façon
Cracker Jack — 2,5 l (10 tasses) —

**500 ml (2 tasses)
de sucre**

4 c. à soupe d'eau

1 gousse de vanille

**2,5 l (10 tasses) de maïs
soufflé**

**250 ml (1 tasse) d'arachides
non salées, rôties**

**2 c. à soupe de beurre
fondu**

Fleur de sel

Versez le sucre et l'eau dans une casserole de 4 l (16 tasses). Portez à ébullition et surveillez la cuisson jusqu'à ce que le liquide prenne une couleur dorée. (Ne remuez pas le sucre sans quoi il cristallise.) Retirez immédiatement la casserole du feu. ☙ Fendez la gousse de vanille en deux et grattez l'intérieur pour en extraire les graines. Ajoutez-les au sirop et mélangez. ☙ Incorporez délicatement le maïs soufflé et les arachides pour les enrober de caramel. Ajoutez le beurre et mélangez de nouveau. ☙ Étalez le mélange sur une plaque couverte de papier parchemin et saupoudrez de fleur de sel, au goût. Laissez refroidir.

N. B. En faisant soi-même le maïs Cracker Jack, il est possible d'omettre les arachides. Nos proches qui y sont allergiques pourront enfin y goûter !

Truc
Il n'existe pas de sac déjà préparé de maïs soufflé nature. Pour le faire soi-même, mettez 2-3 c. à soupe de maïs à éclater dans un sac en papier brun. Refermez le sac en prévoyant suffisamment d'espace pour permettre au maïs d'éclater. Placez le sac au micro-ondes environ 90 secondes. Recommencez jusqu'à ce que vous obteniez la quantité requise pour cette recette.

MON PÈRE NOUS EN SERVAIT POUR NOUS
FAIRE PATIENTER AVANT LE SOUPER. JE POUVAIS
EN MANGER SANS FIN !

Céleri au fromage orange — 375 ml (1 ½ tasse) —

**125 ml (½ tasse)
de lait**

**125 ml (½ tasse)
de crème 35 %**

**450 ml (1 ¾ tasse)
de cheddar orange râpé**

**180 ml (¾ tasse) de cheddar
extra-fort râpé**

2 c. à thé de cassonade

**1 c. à thé de moutarde
de Dijon**

Cayenne, au goût

**Fleur de sel et poivre
du moulin**

Accompagnement
**Branches de céleri
coupées en 3**

Dans une casserole, faites chauffer le lait et la crème. ✇ Ajoutez les fromages et fouettez jusqu'à ce qu'ils soient fondus. Incorporez le reste des ingrédients et laissez refroidir au moins 20 minutes à température ambiante. ✇ Broyez à l'aide d'un mélangeur à main et réfrigérez.

Servir
À l'aide d'une poche à douille, dressez sur les céleris.

Truc
Il vous en reste ? Mélangez la préparation à des macaronis chauds, ce qui ne manquera pas de vous rappeler un certain macaroni orange commercial très apprécié des enfants, avec un évident surplus de valeur nutritive.

CES TREMPETTES SONT SIMPLES COMME
BONJOUR À FAIRE. ON LES SERT AVEC DES CRUDITÉS
(ESSAYEZ AUSSI FENOUIL, RADIS, PANAIS) ET DES
PITAS GRILLÉS (P. 81).

Trempettes passe-partout

Artichauts et fromage — 310 ml (1 ¼ tasse) —

1 boîte de 398 ml (14 oz) de cœurs d'artichauts égouttés

4 c. à soupe de fromage à la crème (de préférence Liberté) à température ambiante

3 c. à soupe de parmesan fraîchement râpé

Zeste et jus de 1 citron lavé

2 c. à soupe de ciboulette hachée

Sel et poivre du moulin

Combinez tous les ingrédients dans le récipient du robot culinaire et broyez jusqu'à l'obtention d'une texture grossière.

Poivron rouge et feta — 375 ml (1 ½ tasse) —

1 poivron rouge

1 gousse d'ail hachée

4 c. à soupe de fromage à la crème

250 ml (1 tasse) de feta émiettée

2 c. à soupe d'huile d'olive

Poivre du moulin

Préchauffez le barbecue à vive intensité ou le four à 230 °C (450 °F). Faites rôtir le poivron de tous les côtés jusqu'à ce que la peau soit noire. ☞ Mettez dans un contenant couvert et laissez tiédir 15 minutes. Pelez et retirez les pépins. ☞ Combinez tous les ingrédients dans le récipient du robot culinaire et broyez jusqu'à l'obtention d'une texture lisse.

.../81

Haricots blancs et beurre d'amandes — 375 ml (1 ½ tasse) —

**1 boîte de 540 ml (19 oz)
de haricots blancs**

**3 c. à soupe de beurre
d'amandes**

2 c. à soupe d'huile d'olive

Jus de 1 citron

3 c. à soupe de yogourt

Sel et poivre du moulin

Combinez tous les ingrédients dans le récipient du robot culinaire et broyez jusqu'à l'obtention d'une texture onctueuse. Rectifiez l'assaisonnement.

Pitas grillés

**2 gousses d'ail finement
hachées**

1 c. à thé de sel

**125 ml (½ tasse)
d'huile d'olive**

4 pitas de 23 cm (9 po)

Préchauffez le four à 200 °C (400 °F). ☞ Dans un petit bol, combinez l'ail et le sel et mélangez en écrasant avec une fourchette (cela fait ressortir le goût de l'ail). Incorporez l'huile. ☞ Ouvrez chaque pita en 2 de façon à obtenir des ronds séparés. À l'aide d'un pinceau, badigeonnez d'huile aromatisée et détaillez ensuite chaque rond en 12 triangles. ☞ Déposez-les sur une plaque et enfournez 10 minutes ou jusqu'à ce qu'ils soient légèrement dorés.

LE PAROXYSME : LES MANGER CHAUDS
EN LES TREMPANT DANS UN VERRE DE LAIT BIEN FROID.
LE PROBLÈME, C'EST DE SAVOIR S'ARRÊTER.

Biscuits d'avoine
aux deux chocolats — 2 douzaines —

180 ml (¾ tasse)
de beurre salé

180 ml (¾ tasse)
de cassonade

1 œuf

1 c. à thé de vanille

180 ml (¾ tasse) de farine

750 ml (3 tasses) de flocons
d'avoine (gruau)

1 c. à thé de bicarbonate
de soude

1 pincée de sel

125 ml (½ tasse) de chocolat
noir grossièrement haché ou
de pépites

125 ml (½ tasse) de chocolat
au lait grossièrement haché
ou de pépites

Préchauffez le four à 180 °C (350 °F). ✂ Dans un bol, crémez le beurre et la cassonade à l'aide d'un batteur électrique. Ajoutez l'œuf, la vanille et mélangez. ✂ Dans un autre bol, combinez les ingrédients secs et, à l'aide d'une spatule en plastique, bien mélanger à la préparation avant d'incorporer les chocolats. ✂ Déposez l'équivalent de 2 c. à soupe de préparation sur une plaque tapissée de papier parchemin. ✂ Faites cuire 8-10 minutes et dégustez les biscuits encore chauds.

Truc
Le lendemain, s'il en reste, passez-les 10 secondes au micro-ondes.

L'ÉTÉ, QUAND NOUS ALLIONS CHEZ MA
GRAND-MÈRE, NOUS CUEILLIONS DE LA RHUBARBE
ET RÊVIONS DÉJÀ SUR LE CHEMIN DU RETOUR AU
RENVERSÉ QU'EN FERAIT MA MÈRE.

Gâteau renversé fraises et rhubarbe — 8 personnes —

500 ml (2 tasses) de fraises
coupées en 2

500 ml (2 tasses)
de rhubarbe en tronçons

4 c. à soupe de sirop
d'érable

375 ml (1 ½ tasse) de farine

2 ½ c. à thé de poudre à pâte

½ c. à thé de sel

125 ml (½ tasse) de beurre
pommade

250 ml (1 tasse) de sucre

2 œufs entiers

1 c. à thé de vanille

125 ml (½ tasse)
de crème sure

Préchauffez le four à 180 °C (350 °F). ☞ Beurrez un plat de 20 x 30 cm (8 x 12 po), couvrez le fond de fraises et de rhubarbe et arrosez de sirop d'érable. ☞ Dans un grand bol, combinez les ingrédients secs. ☞ Dans un autre bol, crémez le beurre et le sucre à l'aide d'un batteur électrique. Ajoutez les œufs, la vanille et la crème sure et mélangez de nouveau. Incorporez graduellement les ingrédients secs. ☞ Versez le mélange sur les fruits, égalisez le dessus et enfournez 45 minutes.

Variantes

Cette recette de gâteau renversé servira aussi bien pour apprêter les petits fruits sauvages, comme les mûres et les bleuets, que pour terminer un panier de pêches ou de prunes italiennes bien mûres. Hors saison, utilisez les mélanges de fruits surgelés qui compotent délicieusement durant la cuisson du gâteau.

DÉSOLÉ MAMAN, MAIS LE PAIN
AUX BANANES DE JOHANNE (UNE AMIE DE LA
FAMILLE) EST VRAIMENT IMBATTABLE. MOELLEUX,
HUMIDE, JUSTE PARFAIT.

Pain banane-chocolat de Johanne — 10 personnes —

125 ml (½ tasse)
de beurre salé

180 ml (¾ tasse) de sucre

1 c. à thé de vanille

2 œufs battus

4 petites bananes
bien mûres, écrasées
grossièrement

3 carrés de chocolat
mi-sucré, haché
grossièrement

500 ml (2 tasses) de farine

Une pincée de sel

1 c. à thé de poudre à pâte

1 c. à thé de bicarbonate
de soude

Préchauffez le four à 160 °C (325 °F). ☞ Chemisez un moule à pain de papier parchemin et beurrez-le. ☞ Dans un bol, à l'aide d'un batteur électrique, fouettez le beurre, le sucre et la vanille 2 minutes. Ajoutez les œufs, les bananes et le chocolat en mélangeant doucement à l'aide d'une cuillère en bois. ☞ Dans un autre bol, combinez les ingrédients secs avant de les incorporer au mélange sans battre plus qu'il ne le faut. ☞ Transvidez dans le moule et enfournez 1 heure ou jusqu'à ce qu'un cure-dent en ressorte propre.

Truc

La réussite de ce gâteau réside dans le degré de maturité des bananes qui doivent être très mûres. Johanne congèle ses bananes et trouve que son gâteau en est même meilleur. Dans ce cas, avant de les écraser, les décongeler.

UNE QUESTION A HANTÉ MON ENFANCE :
OÙ TROUVE-T-ON DES CITRONS ROSES ? J'AI ENFIN
RÉSOLU LE PROBLÈME. VOICI LA « VRAIE »
LIMONADE ROSE !

Limonade rose — 8-10 verres —

**500 ml (2 tasses) de jus
de citron fraîchement pressé**

500 ml (2 tasses) d'eau

**500 ml (2 tasses)
de pastèque en cubes**

**125 ml (½ tasse)
de sucre**

Glaçons

**Branches d'estragon
(facultatif)**

Dans un mélangeur, broyez le jus de citron, l'eau, la pastèque et le sucre jusqu'à l'obtention d'une texture lisse. ∾ Servez dans de grands verres remplis de glaçons et d'une branche d'estragon, si désiré.

VIVE LES RÉUNIONS DE FAMILLE !

VIVE LES RÉUNIONS DE FAMILLE !

Dès le pas de la porte, on reconnaît le brouhaha habituel de la famille : la grosse voix de l'oncle du Bas-du-Fleuve, les éclats de rire de la petite Léia, les cris de joie stridents de la cousine Carine. À cette ambiance déjà festive se mêlent les parfums des spécialités de chacun : le jambon à l'ananas de papa, les mini-quiches et les œufs farcis dont seule Alyce a le secret, sans oublier la fameuse et tant attendue mousse au saumon de tante Céline. Vite, on se débarrasse des bottes et des manteaux pour se joindre au banquet.

VIVE LES RÉUNIONS DE FAMILLE !

Ces classiques, Louis-François nous propose de les recréer à sa façon, avec un petit quelque chose en plus. Une salade crémeuse de pommes de terre croquantes, un rôti de porc à l'ail des plus fondants, un délirant gâteau au fromage fait de noix de coco et de yogourt au citron. Des plats qui susciteront sans doute des exclamations de bonheur bien sonores lors de votre prochain party de famille, même de la part de grand-papa Léo, qui ne dit jamais un mot, mais qui vide son assiette en se léchant les doigts.

JE NE FERAI JAMAIS CETTE MOUSSE
PARCE QUE J'ATTENDS LE MOMENT DE MANGER
CELLE DE MA TANTE CÉLINE AU PROCHAIN PARTY
DE FAMILLE. MÊME CELLE SUR LA PHOTO,
C'EST ELLE QUI L'A FAITE !

Mousse au saumon de ma tante — 16 personnes —

2 boîtes de saumon de 213 g (7 ½ oz) avec son eau de conservation

1 ½ sachet de gélatine sans saveur

125 ml (½ tasse) de mayonnaise

125 ml (½ tasse) de céleri haché

80 ml (⅓ tasse) d'oignons verts émincés

125 ml (½ tasse) d'olives farcies en rondelles

1 ½ c. à soupe de jus de citron

¼ c. à thé de paprika

125 ml (½ tasse) de crème à fouetter 35 %

Feuilles de laitue

Égouttez le saumon dans une passoire et mettez l'eau de la boîte dans une tasse à mesurer. Complétez avec de l'eau afin d'obtenir 125 ml (½ tasse) de liquide. ☞ Faites gonfler la gélatine 5 minutes dans le liquide avant de le chauffer au bain-marie ou au micro-ondes jusqu'à ce que la gélatine soit dissoute. ☞ Laissez refroidir légèrement avant d'incorporer à la mayonnaise. Réservez. ☞ Dans un bol, défaites le saumon à l'aide d'une fourchette. Ajoutez le céleri, les oignons verts, les olives, le jus de citron, le paprika et la préparation de mayonnaise. ☞ Dans un autre bol, fouettez la crème jusqu'à ce qu'elle soit ferme et incorporez-la délicatement au mélange. ☞ Transvidez dans un moule à aspic de 1 l (4 tasses) légèrement huilé et réfrigérez au moins 3 heures.

Servir
Démoulez la mousse au saumon sur un lit de laitue et accompagnez-la de craquelins.

EN TOUTE CIRCONSTANCE, CES QUICHES,
QUE L'ON PEUT ADAPTER SELON SES ENVIES, SONT
DES AMUSE-BOUCHES IMPECCABLES.

Mini-quiches — 12 personnes —

**6 cubes d'épinards
surgelés* ou 1 sac de 300 g
(10 ½ oz) d'épinards frais**

8 feuilles de pâte filo

**3 c. à soupe et plus
de beurre fondu**

4 œufs

**160 ml (⅔ tasse) de crème
champêtre 15 %**

**125 ml (½ tasse)
de jambon en dés**

Sel et poivre du moulin

————

* On trouve des épinards en
cubes dans les supermarchés,
au comptoir des surgelés.

Préchauffez le four à 185 °C (365 °F). ⌒ Faites dégeler les épinards au micro-ondes ou cuisez-les, s'ils sont frais. Déposez dans un égouttoir, pressez avec le dos d'une cuillère pour extraire le maximum de liquide et laissez tiédir. ⌒ Coupez chacune des 8 feuilles de pâte filo en 2 sur la longueur puis en 6 pour obtenir 12 rectangles égaux. Placez un linge au-dessus afin que la pâte ne s'assèche pas. ⌒ Beurrez un moule à muffins. À l'aide d'un pinceau, badigeonnez de beurre chaque rectangle et superposez-les inégalement en groupe de 4 pour former chacune des 12 croûtes. Déposez-les dans le moule à muffins en appuyant fermement sur les côtés. ⌒ Battez ensemble les œufs et la crème avant d'ajouter le jambon. Salez et poivrez. ⌒ Couvrez le fond de chaque croûte avec un peu d'épinards et répartissez le mélange d'œufs. ⌒ Enfournez 10-12 minutes et servez encore chaud.

Truc
Si vous désirez prendre un peu d'avance, préparez les croûtes dans le moule à muffins (couvrez-les bien), le mélange à quiche et les épinards. Gardez les préparations au réfrigérateur et ne versez le mélange à quiche qu'à la dernière minute avant d'enfourner.

UN CLASSIQUE REVISITÉ GRÂCE À UN INGRÉDIENT
QUE J'AFFECTIONNE PARTICULIÈREMENT : LE CHORIZO.

Œufs farcis et chorizo — 12 portions —

6 œufs

2 c. à soupe de mayonnaise

2 c. à soupe de crème sure

2 c. à soupe de chorizo en très petits dés

2 c. à soupe de ciboulette ciselée

Sel et poivre du moulin

Dans une casserole d'eau froide, déposez les œufs et portez à ébullition. Sitôt l'ébullition atteinte, comptez 8 minutes. ☞ Plongez les œufs dans l'eau froide. Écalez, coupez en 2 avec précaution et retirez les jaunes. Déposez le blanc des demi-œufs dans une assiette. ☞ Dans un petit bol, écrasez à la fourchette les jaunes avant d'incorporer la mayonnaise, la crème sure et le chorizo. Salez et poivrez. ☞ Transvidez cette préparation dans une poche à douille ou dans un sac plastique épais dont vous couperez un coin. Remplissez les blancs d'œufs.

Servir
Les œufs peuvent être faits à l'avance et conservés au réfrigérateur. Au moment de servir, garnissez de ciboulette.

MA VERSION AMÉLIORÉE ET RAFFINÉE
DES TRADITIONNELLES SAUCISSES COCKTAIL.

Saucisses cocktail, pâte feuilletée — 45 bouchées —

360 g (¾ lb) de pâte feuilletée

45 saucisses cocktail

Accompagnement
Sauce trempette (ci-dessous)

Taillez 45 petites bandes de 2 x 5 cm (¾ x 2 po) de pâte feuilletée. ∞ Préchauffez le four à 200 °C (400 °F). ∞ Entourez chaque saucisse d'une bande. Déposez-les sur une plaque couverte de papier parchemin. ∞ Enfournez 10-12 minutes jusqu'à ce que la pâte soit dorée et croustillante.

Servir
Ces bouchées se mangent telles quelles ou accompagnées d'une sauce trempette.

Sauce trempette — 125 ml (½ tasse) —

125 ml (½ tasse) de sauce chili

1 c. à soupe de raifort crémeux

1 c. à soupe de cognac (facultatif)

Dans un petit bol, combinez tous les ingrédients.

LES PATATES SONT SANS CONTESTE L'UNE
DES BASES DE LA CUISINE QUÉBÉCOISE. CUISINÉES DE
CETTE FAÇON, ELLES SONT RENVERSANTES !

Salade de patates croquantes — 6 personnes —

36 petites pommes de terre rattes ou grelots

3 gousses d'ail en chemise

3 c. à soupe et plus d'huile d'olive

1 branche de romarin

4 petites branches de cœur de céleri avec les feuilles émincées

3 oignons verts émincés

4 petits cornichons sucrés en rondelles

125 ml (½ tasse) de crème sure

2 branches d'estragon effeuillées

Sel et poivre du moulin

Préchauffez le four à 230 °C (450 °F). ☞ Mettez les pommes de terre et l'ail au centre d'un papier d'aluminium double épaisseur. Arrosez d'huile, salez, poivrez et ajoutez le romarin. Refermez hermétiquement le papier d'aluminium en papillote, déposez-la sur une plaque et enfournez. ☞ Après 35 minutes, sortez la papillote du four, ouvrez-la délicatement pour ne pas la déchirer ou la percer. (Attention à la vapeur!) À l'aide d'une fourchette, écrasez légèrement chaque pomme de terre pour l'aplatir. ☞ Arrosez d'un filet d'huile si nécessaire et, sans refermer le papier d'aluminium, remettez au four 20 minutes jusqu'à ce que les pommes de terre soient croustillantes. Laissez tiédir. ☞ Dans un grand bol, mélangez les autres ingrédients avec l'ail sans la peau avant d'ajouter les pommes de terre.

Servir
Cette salade se mange tiède ou froide.

C'EST LE REPAS D'ENFANCE PRÉFÉRÉ
DE PATRICIA. ELLE DEMANDE ENCORE À GISÈLE,
SA MÈRE, DE LUI EN PRÉPARER.

Vol-au-vent — 6 personnes —

4 c. à soupe de beurre

**6 champignons café
en tranches**

**125 ml (½ tasse) de poireau
(partie blanche) haché
finement**

1 carotte en dés

2 c. à soupe de farine

**500 ml (2 tasses)
de bouillon de poulet**

**375 ml (1 ½ tasse)
de crème 35 %**

8 haricots verts en tronçons

**1 grosse poitrine de poulet
cuite, en dés**

**250 ml (1 tasse)
de jambon en dés**

6 vol-au-vent

Sel et poivre du moulin

Dans une casserole moyenne, faites fondre le beurre à feu modéré-vif et faites dorer les champignons, sans trop remuer. Ajoutez les poireaux, les carottes et poursuivez la cuisson 2 minutes pour les attendrir. ✂ Baissez le feu, saupoudrez la farine et remuez. Versez le bouillon, la crème et faites cuire 8-10 minutes en mélangeant régulièrement. ✂ Ajoutez les haricots, le poulet et le jambon, rectifiez l'assaisonnement et prolongez la cuisson de 8 minutes. La sauce doit être onctueuse et pas trop liquide. ✂ Pendant ce temps, creusez le centre des vol-au-vent et, si vous le souhaitez, réchauffez-les au four à 150 °C (300 °F).

Servir
Au centre d'une assiette, déposez un vol-au-vent et remplissez de la garniture au poulet. Une salade verte suffira pour compléter ce plat.

Variante
Accommodez la garniture, selon votre goût, en ajoutant, par exemple, des crevettes et en remplaçant le bouillon de poulet par un fumet de poisson.

VOICI LE PLAT MYTHIQUE DE MON PÈRE.
C'EST AUSSI LUI QUI M'A APPRIS À LE MANGER, LE
LENDEMAIN MATIN, EN FINES TRANCHES SUR DU
PAIN GRILLÉ ET BEURRÉ. UNE MERVEILLE.

Jambon à l'ananas et à l'érable — 6 personnes —

¼ de jambon à cuire
de 2,25 kg (5 lb)

1 bouteille de bière rousse

250 ml (1 tasse) de sirop
d'érable

1 boîte de 540 ml (19 oz)
d'ananas en tranches,
avec le jus

1 oignon en tranches

3 gousses d'ail coupées en 2

180 ml (¾ tasse)
de cassonade

Accompagnement
**Gratin de choux-fleurs
(p. 109)**

La veille
À l'aide d'un couteau, retirez la couenne du jambon sans enlever la couche de gras. ∞ Dans un grand plat, combinez la bière (moins 4 cuillerées à réserver pour la garniture), le sirop d'érable, le jus de la boîte d'ananas, l'oignon et l'ail. ∞ Mettez le jambon dans le plat, arrosez-le et laissez mariner toute la nuit. (Pensez à le retourner et à l'arroser à quelques reprises avant de vous coucher.)

Le jour même
Transférez le jambon et sa marinade dans une grande casserole, ajoutez suffisamment d'eau pour le couvrir, mettez un couvercle et laissez mijoter 2 heures. ∞ Préchauffez le four à 190 °C (375 °F). ∞ Retirez le jambon de la casserole et mettez de côté les oignons et l'ail. À l'aide d'un petit couteau, pratiquez des incisions en quadrillé sur la couche de gras. ∞ Sur une plaque couverte de papier d'aluminium, disposez les tranches d'ananas, les oignons et l'ail réservés et mettez le jambon côté quadrillé vers le haut. ∞ Dans un petit bol, mélangez la cassonade et les 4 cuillerées de bière réservées. ∞ Étalez la garniture sur le jambon et enfournez 30 minutes.

Servir
Tranchez le jambon et montez vos assiettes avec les rondelles d'ananas caramélisées et une portion de gratin de choux-fleurs.

.../109

Gratin de choux-fleurs — 6 personnes —

2 c. à soupe de beurre

2 c. à soupe de farine

450 ml (1 ¾ tasse) de lait

750 ml (3 tasses) de bouquets de choux-fleurs

1 poireau en rondelles

500 ml (2 tasses) de jeunes épinards

500 ml (2 tasses) de fromage (L'Hercule, Oka ou un restant de fromage) râpé

Sel et poivre du moulin

Préchauffez le four à 200 °C (400 °F). ∞ Dans une petite casserole, faites fondre le beurre, à feu modéré-doux, incorporez la farine à l'aide d'un fouet et laissez cuire 1 minute. Versez le lait et fouettez jusqu'à ce que le mélange épaississe. Salez et poivrez. ∞ Dans une eau bouillante salée, faites cuire les bouquets de choux-fleurs 3 minutes. Ajoutez les poireaux et poursuivez la cuisson 1 minute. ∞ Égouttez et asséchez au maximum. Transférez dans un moule carré de 20 cm (8 po) beurré et ajoutez les épinards. Mélangez les légumes avant de verser la béchamel. ∞ Mélangez et parsemez de fromage. ∞ Enfournez 10 minutes jusqu'à ce que le dessus soit doré.

L'IDÉE DE CETTE RECETTE ME VIENT
DE L'EXCELLENTE BOUCHERIE OÙ J'AI
TRAVAILLÉ ADOLESCENT.

Rôti de porc à l'ail, pommes de terre fondantes — 6 personnes —

4 c. à soupe d'huile d'olive

1 rôti de longe de porc de 1 kg (2 lb)

3 gousses d'ail en bâtonnets

2 grosses pommes de terre Yukon Gold en cubes

1 petit oignon haché

Sel et poivre du moulin

❁

Mélange d'épices

1 c. à thé de grains de poivre noir

1 c. à thé de graines de coriandre

1 c. à thé de gros sel

½ c. à thé de chili en flocons

3 c. à soupe d'oignons frits* ou de flocons d'oignon

2 c. à soupe de moutarde

❁

* On trouve les oignons frits dans les épiceries asiatiques (c'est le secret des épices pour bifteck).

Le mélange d'épices

Dans un moulin à café, assemblez le poivre, la coriandre, le sel et le chili. Actionnez rapidement pour les concasser grossièrement. ❧ Dans un petit bol, écrasez légèrement les oignons frits avant d'ajouter les épices concassées et la moutarde. Mélangez et mettez de côté.

La cuisson

Préchauffez le four à 200 °C (400 °F). ❧ Dans une grande poêle allant au four, chauffez 2 cuillerées d'huile, à feu modéré-vif, et faites colorer uniformément la pièce de viande. Retirez-la et dégraissez la poêle. ❧ À l'aide de la pointe d'un petit couteau, pratiquez des entailles d'une profondeur de 2 cm (¾ po) sur le rôti et insérez les bâtonnets d'ail. Couvrez le porc du mélange d'épices. ❧ Mettez les pommes de terre et les oignons dans le fond de la poêle, enrobez-les avec le restant d'huile, salez et poivrez. Déposez la viande au-dessus et enfournez. ❧ Après 25 minutes, baissez la température à 130 °C (275 °F) et poursuivez la cuisson 35 minutes. Laissez reposer 5 minutes avant de tailler en tranches le rôti, qui doit être à peine rosé. ❧ Servez-le accompagné des pommes de terre.

N. B. Les oignons frits méritent le détour dans une épicerie asiatique. Je m'en sers pour garnir les salades, les potages, les poissons, les viandes…

CHEZ NOUS, À TOUS LES REPAS, IL Y AVAIT
UNE SALADE SUR LA TABLE, SOUVENT ACCOMPAGNÉE
DE PAIN AUX NOIX. VOICI UN HOMMAGE CROQUANT
À CES DOUX MOMENTS PARTAGÉS.

Salade pommes-poires au bleu — 6-8 personnes —

**2 tranches de pain
aux noix en cubes**

2 c. à soupe d'huile d'olive

3 poires mûres en cubes

2 pommes Cortland en cubes

6 radis émincés finement

4 endives en rondelles

3 c. à soupe de pacanes rôties

**2 c. à soupe de vinaigre
de cidre**

**3 c. à soupe d'huile de noix
ou de noisette**

**120 g (4 oz) de Rassembleu (ou
autre fromage bleu) en cubes**

Sel et poivre du moulin

Préchauffez le four à 180 °C (350 °F). ☜ Déposez les cubes de pain sur une plaque et arrosez-les d'huile. Faites rôtir au four 15 minutes jusqu'à ce que le pain soit légèrement coloré. Réservez. ☜ Dans un grand saladier, mélangez délicatement les poires, les pommes, les radis et les endives. Incorporez les pacanes, arrosez de vinaigre, d'huile et mélangez de nouveau. ☜ Assaisonnez et parsemez la salade des croûtons et des morceaux de fromage.

Variante
Le goût sucré de la poire se marie bien avec les laitues amères. N'hésitez pas à les ajouter à vos salades de chicorée (radicchio, scarole), de pissenlit…

INCROYABLE COMME NOS RECETTES FAMILIALES
REGORGENT DE DESSERTS ! EN VOICI UN AUTRE
DONT JE NE POURRAIS ME PASSER.

Gâteau au fromage — 12 personnes —

30 biscuits secs à la noix de coco

4 c. à soupe de flocons de noix de coco

4 c. à soupe de beurre fondu

4 paquets de 250 g (8 oz) de fromage à la crème, à température ambiante

2 c. à soupe de fécule de maïs

375 ml (1 ½ tasse) de yogourt au citron 8 % (Liberté)

Zeste et jus de 1 citron lavé

6 c. à soupe de miel

4 œufs

Accompagnement, au choix (p. 117)

Compotée de cerises et de rhubarbe

Compotée de framboises au vin rouge

La croûte

Dans un robot culinaire, réduisez les biscuits en miettes pour obtenir 500 ml (2 tasses) de chapelure. ∞ Dans un bol, combinez la chapelure, les flocons de noix de coco et le beurre. ∞ Transférez le mélange dans un moule à charnière de 23 cm (9 po) de diamètre et pressez avec les doigts pour bien compacter la croûte. Réservez au réfrigérateur.

L'appareil au fromage

Préchauffez le four à 180 °C (350 °F). ∞ Dans un grand bol, à l'aide d'un batteur électrique, fouettez ensemble le fromage et la fécule. Incorporez le yogourt, le zeste, le jus de citron et le miel. Sans cesser de battre, ajoutez les œufs un à un. ∞ Versez le mélange sur la croûte, égalisez et enfournez. Après 45 minutes de cuisson, éteignez le four et laissez le gâteau tiédir 1 heure avant de le sortir. ∞ Mettez au réfrigérateur au moins 5 heures.

Servir

Ce gâteau peut se manger seul ou avec une bonne compote ou un coulis.

Variante

Essayez d'autres yogourts 8 % aromatisés à la noix de coco, à la vanille…

.../117

Compotée de cerises
et de rhubarbe — 375 ml (1 ½ tasse) —

250 ml (1 tasse)
de cerises

250 ml (1 tasse)
de rhubarbe en dés

125 ml (½ tasse) de sucre

1 c. à thé de graines
de coriandre écrasées
grossièrement

1 c. à thé de zeste
d'orange lavée

MA MÈRE N'A JAMAIS ACHETÉ DE CONFITURES OU DE COMPOTES. ELLE LES PRÉPARAIT CHAQUE SEMAINE ET, CHAQUE FOIS, LA MAISON S'EMPLISSAIT D'UNE ODEUR RÉCONFORTANTE.

Coupez en 2 les cerises et dénoyautez-les. ✎ Faites poêler, à feu vif, les cerises et la rhubarbe avec le sucre 3-4 minutes. Ajoutez les graines de coriandre, le zeste et poursuivez la cuisson 5 minutes. ✎ Faites refroidir.

Compotée de framboises
au vin rouge — 375 ml (1 ½ tasse) —

375 ml (1 ½ tasse) de framboises
fraîches ou congelées

180 ml (¾ tasse) de miel

250 ml (1 tasse) de vin rouge

Dans une poêle, à feu vif, faites revenir les framboises 1 minute. Ajoutez le miel, le vin et poursuivez la cuisson à feu modéré 8 minutes. ✎ Faites refroidir.

LE TRADITIONNEL GÂTEAU DE NOËL.
IL SE PRÉPARE AU MOINS 3 SEMAINES À L'AVANCE
ET SE CONSERVE LONGTEMPS. PLUS LE TEMPS
PASSE, MEILLEUR IL DEVIENT. MERCI MONIQUE !

Gâteau aux fruits de la mère de Christian — 12 personnes —

Fruits

500 ml (2 tasses) de raisins secs

250 ml (1 tasse) de canneberges séchées

500 ml (2 tasses) de dattes hachées

500 ml (2 tasses) de fruits confits mélangés, hachés

80 ml (⅓ tasse) de cognac

250 ml (1 tasse) de pignons

4 c. à soupe de farine

Gâteau

310 ml (1 ¼ tasse) de farine

½ c. à thé de bicarbonate de soude

1 c. à thé de cannelle

¼ c. à thé de muscade

250 ml (1 tasse) de beurre pommade

250 ml (1 tasse) de cassonade

6 gros œufs

125 ml (½ tasse) de mélasse

Les fruits

La veille, dans un grand bol, mélangez les raisins, les canneberges, les dattes et les fruits confits. Arrosez de cognac, recouvrez et laissez macérer toute la nuit à température ambiante. ☙ Juste avant de préparer le gâteau, ajoutez les pignons ainsi que la farine et mélangez délicatement. Réservez.

Le gâteau

Préchauffez le four à 150 °C (300 °F). Sur la grille du bas, déposez une grande lèchefrite remplie d'eau. Placez une autre grille au-dessus à mi-hauteur du four. ☙ Tapissez de papier parchemin un moule à cheminée de 23 cm (9 po) de diamètre et beurrez généreusement. ☙ Dans un bol, combinez les ingrédients secs. ☙ Dans un autre grand bol, fouettez le beurre et la cassonade à l'aide d'un batteur électrique. Ajoutez les œufs un à un sans cesser de battre, puis incorporez la mélasse. Ajoutez graduellement les ingrédients secs et, à basse vitesse, les fruits macérés. ☙ Transférez la préparation dans le moule et placez-le sur la grille au-dessus de la lèchefrite. (Rajoutez de l'eau, si nécessaire.) Après 1 h 30 de cuisson, retirez la lèchefrite et poursuivez la cuisson 50 minutes ou jusqu'à ce qu'un cure-dent ressorte propre du gâteau. ☙ Démoulez, laissez refroidir et emballez dans du papier d'aluminium.

Servir

Mettez le gâteau au réfrigérateur au moins 3 semaines avant de le consommer. Ce gâteau aux fruits se conserve ainsi plusieurs semaines.

UN SOUVENIR DE CHALET L'HIVER.
LES PARENTS LE BUVAIENT CHAUD ET RIAIENT
FORT TANDIS QUE NOUS, NOUS NE LEVIONS PAS
LE NEZ DE NOS CHOCOLATS CHAUDS (P. 68).

Caribou dans les bois — 1,25 l (5 tasses) —

**1 bouteille
de vin rouge corsé**

**500 ml (2 tasses) de thé noir
Orange Pekoe chaud**

**125 ml (½ tasse)
de sirop d'érable**

2 c. à soupe de whisky

Dans un grand pichet, combinez tous les ingrédients et buvez avec modération !

Pacanes au sirop d'érable — 500 ml (2 tasses) —

500 ml (2 tasses) de pacanes

**125 ml (½ tasse) de sirop
d'érable**

3 c. à soupe d'huile d'olive

2 c. à soupe de sucre

1 c. à soupe de fleur de sel

Préchauffez le four à 190 °C (375 °F). ∾ Dans un bol, mélangez ensemble tous les ingrédients. ∾ Déposez sur une plaque couverte de papier parchemin et enfournez 12 minutes. (Surveillez la cuisson afin que le sirop ne brûle pas.) Laissez reposer quelques minutes avant de servir.

MERCI

C'est souvent autour d'une table que l'on retrouve ceux qui nous sont les plus chers. Impossible, donc, de faire ce livre sans penser à tous les membres de ma famille, vous qui êtes présents dans mes plus beaux souvenirs : les festins de Noël où on se retrouvait des dizaines devant le buffet, les brunchs de Pâques où chacun y allait de sa spécialité, les anniversaires avec l'immense gâteau au chocolat, et surtout nos traditionnels soupers du dimanche à Hemmingford, quand grand-papa Léo, trônant au bout de la table, en profitait après le dessert pour faire un roupillon. Merci grand-papa Malenfant, grand-maman Jacqueline, Sylvain, Céline, Philippe, Anne, Sylvain, Michelle, Simon, Éric, Marie-Hélène, Mathieu, Roger, Nicolas, Valérie, et principalement maman, Louis-Éric, Rebecca et mon petit-frère Jean-Michel.

Du côté des Marcotte, je garde dans mon cœur nos réunions familiales annuelles chez papa à Sainte-Marthe, où c'est toujours un plaisir de conversation et de bonne bouffe quand nous nous retrouvons attablés tous ensemble. Grand-maman Alyce et grand-papa Maurice seraient bien fiers de voir leur descendance toujours aussi unie. Louis, Tatie Céline, Carine, Antoine, Philippe, Nathalie, Léia, Guillaume, Maurice, Jocelyne, Alexandre, Lisa, Elizabeth-Anne, Nathalie et papa, merci d'être toujours aussi disponibles pour ces moments partagés qui me sont si précieux.

Une pensée aussi pour le clan Paquin, qui redonne au mot « fête » toute sa signification. Avec vous, je redécouvre la saucisse cocktail et les sandwichs pas de croûte. Il faut dire que des partys avec onze petits-enfants qui courent partout, c'est ça le vrai bonheur.

Merci aussi à tous mes amis : Isabelle, Donald, Éric, Martin, Sébastien, Coraille, Marc-André, Sabrine, François et Annie. Chaque moment que je passe en votre compagnie est mémorable.

À mes précieux collaborateurs, Marie-Ève, Christian, Vanessa et Louise, MERCI ! Vous êtes toujours là avec votre talent, vos conseils, votre complicité, et sachez que je me considère privilégié de travailler avec vous.

À vous Patricia et Benjamin, merci de faire partie de mon quotidien. Avec l'arrivée de Gabriel, je sais que nous allons accumuler, en famille, d'autres très beaux souvenirs.

INDEX